눈물 냄새

이호원 4 시집

책펴냅열린시

가슴에 내리는 시 140

눈물 냄새

지은이 이호원
펴낸이 최명자

펴낸곳 책펴냄열린시
주소 (48932)부산광역시 중구 동광길 11, 203호
전화 010-4212-3648
출판등록번호 제1999-000002호
출판등록일 1991년 2월 4일

인쇄일 2024년 6월 07일
발행일 2024년 6월 10일

ⓒ이호원, 2024. Busan Korea
값 12,000원

ISBN 979-11-88048-95-3 03810

- 저자와 협의하여 인지를 붙이지 않습니다.
- 잘 못된 책은 바꿔 드립니다.
- 이 책의 내용 중 일부 또는 전부를 저자 및 출판사의 동의없이 사용하지 못합니다.

눈물 냄새

□ 시인의 말

 시를 쓴다는 자긍심으로 세상을 엿보기도 하지만 그렇게 만만한 세상이 아니다. 욕심대로 호락호락 따라줄 세상도 아니고 능력도 없는 사람이란 것을 자신이 잘 안다. 그렇지만 세상이 전부 내 마음 같다면 모든 것이 잘 되리란 엉뚱한 생각도 가지면서 모든 사람이 핍박받지 않고 고루 잘사는 평화로운 세상이 되었으면 하는 바람이 있고 시 속에 묻어 있는 시 정신을 버리지 않겠다는 생각을 하면서

 이번 네 번째 시집에는 세상에 계시지 않는 어머님에 대한 생각을 많이 적어두고 있는데 이는 어머님께서 자식들을 위해 너무 많은 고생을 하셨지만, 자식으로서 해야 할 도리를 조금도 하지 못해 후회되는 마음으로 어머님에 대한 용서를 빌고자 함이며 또한 내 고향은 합천호의 수몰 지역으로 많은 고향 분들이 수몰의 아픔을 겪고 있어 위로를 드리고 싶은 생각이 머릿속을 떠나지 않아 아픔을 겪고 있는 친구들을 생각하는 마음을 적었으며 한결같이 지도 편달을 아끼지 않

으시는 강영환 시인께 감사를 드리고 나의 주변에서 많은 격려를 아끼지 않는 지인들에게 지면을 통해 감사를 드린다.

2024년 5월
이호원

시인의 말…4
목차…6

제 1 부

꽃 한 송이…13
고니의 꿈…14
목줄…15
섬마을 선생님…16
샛강…18
차출…20
길목을 지나서…22
석양의 시간…24
산비둘기…26
찢어진 달빛…27
구룡마을 화재…28
낚시…29
고독한 바위…30
백파…31
순천만…32
벚꽃 떠난 길…34
하품하는 아이…35

마고산 도령…36
다랑이 언덕…38

제 2 부

낙엽의 최후…41
강물은 산이 토한다…42
수영강 해오라기…44
달걀…46
매미의 불만…48
자비란 없다…49
절터 골…50
마음의 공양…52
찔레꽃 그늘…54
노을이 본 고향…56
상사화…58
도토리나무…59
거대한 물결 그 이후…60
들꽃…62
월심…63
배롱나무…64
브레이크…65

흔들리는 지팡이…66
짐승 울음소리 들린다…67
가루의 밀도를 헤아릴 수 없다…68

제 3 부

홍시를 먹는다…71
파란 하늘을 보고 웃었다…72
흔적…74
우울한 벚나무…75
보호밖에 배운 것 없다…76
지렁이의 탈출…78
월심 2…79
평천재…80
가로수 둑길…82
개나리의 항변…84
까마귀…85
여인의 자화상…86
말귀…87
돌담…88
떠나시더니 산에 산다…90
맑은 양어장…92

기억을 흘려 두고…93
보자기만 한 미나리꽝…94
산이 외로운지…95
꽃이 싫어서…96
흙에 묻힌 복령 하나…97
평화를 머금고…98

제 4 부

쑥밭골 콩밭 Ⅰ…101
쑥밭골 콩밭 Ⅱ…102
봄으로 가는 언어…103
별을 유혹한다…104
신발…105
눈물 냄새…106
파란 향기는 추억을 부른다…108
장산을 등에 지고…110
세월을 두고…111
합천호…112
고향을 잃은 사람들…113
천불천탑의 소원…114
슬픈 달빛…116

용문정 긴 추억…117
역설…118
지리산 천왕봉…120
오월이 온다…122
산딸기…124
무덤가 복령…125

해설/수몰된 고향과 상실감의 극복 • 강영환…126

제 *1* 부

꽃 한 송이

꽃나무 하나 심어
목이 빠지는 계절을 보내고
한 송이 꽃을 기다려 왔다

벌레의 탐욕을 달래며
여름 장마 물길도 따돌리고
억센 태풍도 이긴 지혜로
꽃피우는 길을 알았다

긴긴 세월을
웃음 하나 하늘에 돌려주려
하늘 바라기로 살아와
귀한 한 송이꽃 피웠는데

계절이 달라지자
어느 찬바람 불던 날
씨앗 하나 버려두고
한 줄 메모도 남기지 않고 가버렸다

고니의 꿈

높이 하늘을 날면
좋은 것 더 많이 볼 수 있을까?
맑은 강물에 몸 씻고
높이 올라 멀리 바라보면
더 나은 세상 보일런지
어렵사리 사는 우리들의 세상
습지만이 우리 텃밭은 아닌데
더 높이 올라 더 멀리 날아가
평화로운 노래가 흐르는 세상 보고 싶다
날개에 초록 물들여 훨훨 날고 싶다
들숨 가볍게 쉬고 싶은 작은 소망
신선한 맑은 물 찾아 떠나는 무거운 날개
우포늪 작은 웅덩이만 우리가 사는 곳 아니다
흙을 밟고 걸어도 신선한 냄새 풍기는
그곳으로 가고 싶은 슬거운* 고니의 꿈
오늘 하루 울음이라도
제대로 또르르 굴러가는 곳을 찾아
가슴 앓는 기침 소리 피해서 가고 싶다

*슬거운 : 겉으로 보기보다는 속이 너르다. 마음이 미덥고 너그럽다.

목줄

행실이 좋지 않으면 법을 만든다
무슨 무슨 교통법
무슨 학대 금지법
목줄 착용 의무화 등

내 사랑하는 반려
남들 곁눈질이 두려워 목줄에 묶고
언제나 내 가슴에만 두고 산다

사랑은 하나의 마음으로
용서를 무한으로
신뢰의 집합을 쌓아야 할 것인데

목줄 맨 반려는
빈 가슴 하나 사랑으로 가져와
살뜰한 뽀뽀 진심을 담아 보냈지만
줄을 당기자
눈 안에 하얀 창을 열고
억압의 사랑 거부 의사를 땅바닥에 긋는다

섬마을 선생님*

선생의 얼굴 깊숙이 음표 스며들어
해변으로 가는 고랑을 이루고
청량한 음소가
누군가의 가슴을 살뜰히 보듬어 준다

계곡의 긴 물소리 여울져 갈 때
섬마을 선생님은
하얗게 쏟아진 달빛을 안고
부끄러운 작은 가슴의 존재를 느끼곤 했다

굴곡진 한 시대를 살아간 산 증인
꼬여간 시대의 아픔까지 짊어진 무거운 멜로디
형언키 어려운 선생의 그 넓은 품
비감의 언덕을 뭉개고도 태산처럼 남아 있다

오늘 이처럼 아무렇게나 떠내려간 삶의 이야기를
일깨워 듣게 해준
선생의 감미로운 음절은 고이 새기고 가두어
떠날 수 없도록 밀봉해 두고

여자라서 한마디 말도 조심스러웠든 지난 세월
이제 하고 싶은 말 남기고 가는 여자의 일생 되십시오

* 2022.12.4.일 tv 조선 이미자 특별감사콘서트 재방송을 보고

샛강

원시의 샛강은 떠나가는 것
줄기는 같아도 길은 달라
짊어진 운명
험한 세상 머리에 이고
땅만 보고 간다

가지가 많으면
바람이 잦아 고른 숨쉬기 어려워
고갯길은
보폭을 줄이고 쉬어서도 가야 한다

샛강이 만들어 놓은 섬
사람 사는 세상은 진열된 만물상
득도 없는 괴상한 상품도 팔아
웃음없는 웃음을 웃기도 했다

돌아서 온 샛강
마주 볼 날 멀지도 않았는지
강 아래가 가까워질수록 작은 돌멩이 늘고

물고기 떼 많기도 한데
쉬어야 할 영원한 안식처가 필요해
가신 어머니 손짓 따라
모래밭 옆 돌무더기 아래 원초의 샛강을 넘본다

차출差出

내 몸이 그늘 같다고
뿌리까지 뽑아 달아난
당신은 누군가
잘도 뻗은 긴 다리가 좋아
한 마디 소리도 지르지 못하고
강제 차출을 당한 나

참 좋았던 세월
아침이면 무서리 맞고도 기분이 좋아
뱃속 깊은 곳 속마음까지 시원했던
그 시절
그늘을 지키던 산속의 왕자였다

시끄러운 도시의 한복판 어귀에
내 멋진 긴 다리와 몸체를 두고 가
숨조차 쉬기 힘들도록
하늘을 덮고 간 당신
당신은 살 만큼 살도록 쇠푼이라도 받아갔는지
걱정도 된다

너무 생각난다
그 고운 향기 자욱한 숲속
밤이 가고 날이 밝아도 그치지 않는
몹쓸 악취가 힘들어
상큼한 향기 어린 옛 그곳으로 정말 가고 싶다

길목을 지나서

겨울 길목을 들어선 지 오래
한복판을 지나가는
깊은 얼음 계곡에는
뼈 부서지는 소리가 난다

찬바람 사는 거리 한 모서리에
하얗게 타버린 연탄재 하나
산동네 할머니 가슴처럼
시리다

빨간 열매를 훈장처럼 달고
빙글대는 연말연시
쫘르르 기름기 흐르는 넥타이 속에는
두 개의 심장이 숨어 있다

입술 움직임이 부자연하거나
소리가 약한 사람들은 수화로
웃고 즐기지만
번듯한 사대를 갖추고도 부실한 언변으로

〈
말을 더듬이는 사람의 가슴은 둘이다

길목을 지난 찬바람 우는 소리
시뻘건 내장을 씻어 내고
사람 냄새 가득한 마당에 서서
봄 처녀 아름다운 목소리 쉬어갈 곳 찾는다

석양의 시간

늘어선 아파트 이웃 동棟
벽면 깊숙한 곳에
밝은 햇살이 쉬고 있다

오늘 하루 어려웠다고
얼굴을 내밀어
치사한 오늘을 잊으려 한다

온갖, 보면 안 되는 세상을 보았는데
힘겨운 하루를 보냈다고
고백하는 벽면에 비친 하루가
찢어진 온기로 돌아와 깊은 숨을 쉰다

왜 그리도
거짓은 밝은 빛을 머금고
입시 울 바른 소리가 깜깜한 동굴로
사라져야 속이 시원한 것인지

참으로 부정맥 가슴이 떨린다

〈
이 세상 이대로 버려도 될 상 싶은
미련도 없고 아까울 것 없는
이 하루…
이웃 동棟 햇살 넘어가는 벽면
노을이 웃는 그곳에서 온기 젖은 마음을 줍는다

산비둘기

산비둘기 울음
구구 국 구
목놓아 우는 애달픈 소리

얼어버린 계곡은
산비둘기 발가락도 얼어 빙판을 돌고
배고파 눈을 감고 꿈을 헤맨다

하늘에서 떨어지는 쌀가루
먹고 먹어도 배가 고파
한기 차오르는 심장
오늘이 대설大雪인 줄 모르고 속아서 분하다

속이 뒤틀려 화난 산비둘기
하얀 조끼 입은 까치가 미워
내 집 앞 못 오도록 금줄을 치고
구구 국 구 우는 울음 애처로운데
웃음만 웃던 이웃 억새꽃도 따라서 운다

찢어진 달빛

울음을 품고 가는 찢어진 달빛
가슴 구멍으로
울음 한 조각 떠간다

평생을 먹고도 남을 울음 조각이
구멍 난 가슴으로 빠져가는데

찢어진 달빛에
검은 하늘은 멍들고
부서진 울음 조각은
길을 찾을 수 없어
검은 바다에 닻 없는 조각배로 떠돈다

바보 같은 사람
무거운 꿈을 등짐으로 지고
평생을 앓다가
낯선 언덕바지에 기대어 놓고
아득히 떠나온 먼 길을
어금니 아래 묻어 두고 헛웃음 친다

구룡마을 화재

용이 아홉 마리
힘이 모자랐나?
"세상에…"

육십 채가 불타고 이재민 육십 명

힘센 사람들
모가지만 뽑아 들고 다가와
챙겨주지 못해 미안하다고
속죄하고 간다

내일 모레면 해는 밝아지고
구름은 멀리 떠날까?

근심 걱정은 한마디 말로 해결하고
손바닥만 펴면 날아갈 것처럼
해결사의 입술은 묘한 표정으로
떨리는 손끝을 내려두고
오늘을 요리하고 간다

낚시

들돌* 하나 달아 던졌더니
침묵이 올라오고
가벼운 기침을 달아 던졌더니
살려 달라 애원하는
노래미 한 마리 울음이 따라 왔다

미세한 침묵의 순간이
커다란 파도를 타고 떠난다
태평양으로

쪼그만 피라미의 숨소리가
그 넓은 바다를 들어 파도를 이루고

수평선 아래
침묵을 흘리고 가는 뱃고동의 쉼표에는
바다를 안아
물고기도 따라 잠잔다

* 들돌 : 체력을 기르기 위해 들었다 놓았다 하는 돌이나 쇠 따위로 만든 운동기구

고독한 바위

침묵의 어깨너머로
고독이 말을 한다
듣지는 못해도
눈물이 숨을 쉬고 있다

종일 한곳에 앉아
지나가는 바람을 코끝으로 만지며
가슴에 새겨둔 길을 지키는
변함없는 풍채

물이 흐르는 계곡에서 가슴의 굴곡을 내걸고
세월의 언덕
모진 풍파를 한몸에 싣고 늙어 가는데

때로는 분노하는 함성으로
사악한 고리를 끊어 주고 싶고
용암처럼 끓는 쇳물이 되고 싶기도 하지만
점잖은 미소로
하루를 굳게 가두어 둔다

백파 白波

모여서 소리 짖고 흘러가서 부서진다
뭉글뭉글 솟아오르는 웃음
깔깔대며 피어나는 봄을 닮았다

동백꽃 안은 동백섬* 정열이 녹아 뜨겁고
눈 아래 펼쳐진 백파는
신부를 맞이하는 그윽한 미소로
순백의 꽃이 피어난다

이랑 진 백파*白波의 향연 속에
보통사람 일상이 녹여져 합창으로 승화되고
부엌에서 도란도란 피어나는 대화처럼
화사한 봄꽃 같아 귀가 즐겁다

가면 또 따라가고 이어지는 백파 놀음
황혼을 쫓아가는 새벽처럼
끝나지 않는 수레바퀴다

* 동백섬 : 해운대 해수욕장 들머리에 소재
* 백파 : 흰 거품 이는 물결

순천만

용두산 올라가는 계단 밑에서 졸던 바람
동풍에 등을 떠밀려
순천만 넓은 뜰에 산들대네

어느 외간 방 구들 막에서
찬바람 가리고 자란 청춘들이
따뜻한 봄 향기를 눈치채고
정원 나들이를 한다

휘둘러 흐르는 개울
수양버들 개천 따라 늘어지고
떠나가는 발걸음 아쉬운 듯 물소리 애잔한데
징검다리 건너는 여자 꼬마가
조심히 걸음 옮기는 미소,
엄마의 가슴을 저미게 한다

순천만 뜨락은 더 큰 즐거움을 가져가라며
거센 서 바람을 몰고
가깝고도 먼 곳으로 데리고 가더니

머물지 못하는 눈빛
억새밭 아래 담아 두고
흰 구름 떠가는 하늘로 가슴을 열게 한다

벚꽃 떠난 길

벚꽃! 하고 혀에 올리면
봄은 벌써 산모퉁이를 돌아가고
노을이 따르기엔 힘겨워 땀방울 맺힌다

청강사* 앞뜰에는
수십 년 전 벚꽃이 피어
윗도리 벗은 아주머니 상춘객
치마끈을 밟으며 디스코를 추고 있고

벚꽃이 만발한 합천호 호숫가
머리띠 동여맨 마라톤 선수가
백발을 휘날리며 세월에 쫓기고 있네,

오늘 밤도 달빛 사이로 뻗어내린
여인네 고운 웃음을 양손에 받아들고
산모퉁이 돌아간 아리따운 그 마음 하나 못 잡고
썰렁한 바람 떠난 가슴은
부질없는 상춘객 되었다

*청강사(절) : 합천군 대병면 장단리 소재 오래된 사찰

하품하는 아이

산골 아이가 전신주에 귀를 대고
서울 거리를 도청한다

서울 거리는 입 다물고 침묵하는데
자갈치가 보낸 장어 한 마리
거리를 활보해도
어디서 왔는지 묻는 이가 없다

다도해 농막에서 보낸
배추 포기 무게는 줄고 있고
시들어 가는 감자 껍질에 침묵만 넘쳐
말라가는 눈물이 분노를 삼킨다

수신호 오가는 용산역 거리는 거미집 닮았다
먹이를 잡지 못한 하얀 입술은 말라가고
어젯밤도 하얗게 새웠지만
전신주에는 땡볕만 모여 놀고
산골 아이는 전신주에 매달려 하품을 한다

마고산 도령

눈을 감으면
도령이 가리키는 길을 간다
높은 산도 넘고
넓고 깊은 강물도
심령心靈이 하라는 대로 건너서

생각을 내리고
도령의 뜻대로 길을 간다

간이역 차표 하나 들고 개찰구를 들어서
소원을 빌며 열차도 타고
도령을 따라
가고 싶은 길을 이리저리 헤매고 다녔다

눈을 뜨니
세상은 달라진 것 하나 없고
어지러운 길만 보고 그냥 돌아와
공허한 가슴에는

〉
산 아래 절벽을 마주하고 있는
뿌리 흔들리는 작은 나무 하나 서 있었다

마고산 도령은 눈먼 바람이었다

다랑이 언덕*

노인네 이마 닮은 다랑이가
유채꽃 싣고 살피길 따라
바다를 마중하러 걸어간다

유채꽃 그늘은 유채꽃 닮아
노란 나비가 쉬어가고
멀리서 찾아온 제비
하늘 묻은 입술로 유채 꽃술 적신다

발아래 바다는
얼음물 한 대접 퍼먹고 살피길 올라가는데

밭 갈든 노인네
바다가 노을을 불러
소 몰고 땀방울 거두어 집으로 가고
돌아가는 오르막은 풍경처럼 흔들린다

*다랑이 언덕 : 남해군 남면 홍현리 소재 유채꽃 관광지 (일명 다랭이 마을)

제 2 부

낙엽의 최후

단풍 들어 떨어진 여린 마음은
헐벗은 나무 그늘 겨울을 위로하여
순둥이로 배 밀며 살았다

달라진 계절 봄비가 내리니
길을 잃어 외롭고
눈물 섞어 만든 우정으로 뭉친 낙엽
물길을 막아서서 앙탈도 부린다

힘없어 문드러진 낙엽이라
깔보진 마라
상처 입은 낙엽의 진한 우정
갈 곳도 정하지 못한
외로운 마음 뭉쳐진 너와 나다

석양에 흔들리는 갈대 그림자 지고
봄비 거친 양지쪽 온기 돌아오면
돋아 나는 새싹 부둥켜안고 종달새 되리라

강물은 산이 토한다

사월 가슴에 스미는 알 수 없는 색깔은
떨어진 바닥에서 태어나는
간지러운 풀빛 내음이다

오월은 연약한 가슴을 밖으로 쫓아내
햇빛 한 송이에도 푸른 잎들이 상처를 입고
붉은 울음을 터뜨리는 아픔이다

숨을 건너뛴 온갖 멧새와 찌르레기들이
연약한 오월의 등을 타고 다니면서
울음을 놓고 가
산은 울음바다를 이루고

보름날 밤에는
푸른 달빛이 골마다 찾아다니면서
달래느라 밤을 새우기도 했다

유월 골짜기 흐르는 강물은
산이 토한 한숨으로

온통 푸른빛으로 돌아 누워
산이 품은 아픔이 깊어 간다

수영강 해오라기

생각을 잃어버린 하루가 강물을 타고
표정 없는 소리를 내며
잡지 못한 마음의 길을 걷는데

저녁때가 다가와
내장이 보내는 신호를 듣고
강물을 보니 조제된 검붉은 색
길어진 목을 강물에 드리우니
슬픔이 되어 떠나간다

대낮인데도 물속은 어둡고
길을 잃어버린 모쟁이* 들이
물 위에 떼를 지어 걸어 다니고
시베리아 떠나온 가마우지
강가 버드나무 가지에 앉아 헛소리를 내고 있다

배고파 힘없이 쓰러 저도
속 검은 너희에게
절개를 버릴 수 없다는 신념

창자를 움켜쥐고 긴 목을 빼고 있다

*모쟁이 : 숭어 새끼를 이르는 말

달걀

생명의 순서를 알 수 없어
울음으로 탄생을 알리고
얼마지 않아 울음 닮은 울음이 다시 태어난다

쇠죽 끓인 가마솥 부엌
너의 심장을 훔쳐내고
쌀을 넣어 구워 내면
달걀 밥이 맛있었다

돈이 궁하던 그 시절은
연필 한 자루 사기 위해
울음으로 낳아준 고마움을 팔아야 해
달걀 한 개 바지 주머니에 넣고 학교로 가다가
돌부리에 넘어져
학용품 가게에 가기도 전
너는 삶을 버려야 했고
주머니는 아이들이 보내는 시선의 초승달 되었다

고향에 가면

〈
그 돌부리 보고 싶어도
호수로 변한 수몰의 뼈가 아려
학교마저 볼 수 없고
급우들 작은 모습들은
호수 위에 조잘대고 있다

매미의 불만

칠 년 긴 어둠을 먹고
살가죽 터질 날만 기다렸는데
마침내 때는 왔다

고운 목소리 아무 곳이나 풀어 놓기 싫어
잘 자란 나무둥치 그늘을 찾다가
시원스럽게 뻗은 수목 우거진 아파트촌에서
짧은 일생 살기로 작정했다

어렵게 내어보는 기다림의 소리
이틀도 되기 전
해충 잡자고 뿌려대는 살충제 냄새에
피해간 곳은 어느 세대 방충망이었네

떠나온 그 숲 그늘로 돌아가야 할지
걸음을 세워두고 미동도 못 하고 있는데
방충망 안에서는 어린아이가
귀여운 손놀림으로 아빠를 불러내
신기한 짐승으로 소개를 한다

자비란 없다

어디라고 함부로 들어와
가리지 않고 밀어내는
붉은 귀를 세운 너 사납다

간밤에 스러지는 얇은 불빛
울음을 듣고
가야 한다는 의식을 손안에 쥐었지만
그 붉은 기세를 꺾을 수 없었다

옆집 간다던 발자국 흔적도 없이 지척 거리를
열하루가 지나도 돌아올 기색 없고
잠잘 곳 없어 떠난 너는 굴레 벗은 들소가 되어
아비의 심정을 몰라 주고 도망질한다

붉은 귀를 세우고 난리를 쳐대는
귀먹은 오만 앞에 넋을 잃고
하늘의 헤아림도 뭉개지고 없는데 자비란 바라지도
않는다

*홍수진 물난리를 생각하며

절터 골

하늘을 정수리에 이고
계곡 물소리 깨알처럼 굴러가는데
잊지 못한 독경 소리
떠나간 스님 젖은 목소리 계곡을 울린다

남으로 난 따뜻한 추녀는 간데없고
청설모 한 마리
울창한 수림 속 정적을 싣고
절터 골 옛이야기 실어 나른다

명상에 젖은 절터 골
가부좌하고
쌀되 박 머리에 인 불자들이 가슴 품은 한을
묵음으로 전해오는 소리 들으며
저 아래 말밭 등에 줄지어 오고 있는 모습
종일 반기고 있다

천하 명당 봉화산* 반석에
그 좋은 절간을 어이하고

〈
공양 오는 불자들
맺힌 한을 풀지도 못하고 떠나버려
계곡에 버려진 기와 조각은
묵언 수행 중이고
절터 골 명성 전설 되었네

*봉화산 : 합천군 대병면 소재

마음의 공양供養

우주의 기를 받아 내린
정성이 서린 탑 아래
십이지신상은 중생이 가야 하는 하루를
설계하는데 틈이 없고
불자는 모자람이 없도록
탑돌이 공양供養 한다

저녁밥 굶은 까마귀 서너 마리
날이 채 밝기도 전
공양 음식 탐나 탑 주변 서성대며
눈치를 보는데

까만 눈을 이글거려 보아도
탑 층계를 오르락내리락해도 먹을 것 없고
십이지신상 머리 위에서 맴을 돌지만
불자는 두 손 모아 기도만 하고 간다

허기진 까마귀는
혼미한 정신으로 탑 층계에 앉아

십이지신상을 노려 보아도
불자들 깊은 마음 공양은
먹을 수 없음을 깨닫는다

찔레꽃 그늘

흰 나비가
찔레꽃 그늘을 찾아가
앉고 날기를 몇 번이나 하더니
순번을 잊어버리고
잠이 들었다

찔레꽃 그늘에는
그늘 닮은 찔레가 듬성듬성 솟아오르고
아기 입술 닮은 꽃봉오리
찔레꽃 그늘을 받아 마신다

어느덧 해가
하늘 중천에 그림자를 세우자
이웃 찔레꽃 그늘에서 잠자던 까투리가 놀라
입에 문 콩 한 알을 버려두고 가버린다

찔레꽃 그늘에 잠을 묻어 두고
언덕 아래쪽 비탈진 산허리
소먹이던 아이

〈
소를 잃고 헤매던 낮 꿈을 꾸고
찔레꽃 닮은
얼룩이 울음소리 들려 오자
잠을 깨고 앉아 놀란 가슴 두드린다

노을이 본 고향

마음을 준 서쪽 하늘은
숨 가쁜 노을이
몇 덩이 구름을 싣고
어둠살이 내리는 바다로 떠나간다

아름답다
아름다움은 한숨으로 변해
바람 소리 세찬 언덕
고개를 넘는다

노을 아래 먼
새어 나온 한숨 속으로
밤마다 잠 못 이루는
늙은 고향이 보인다

낳아주신 분들 떠나가고
친구들도 세상을 떠났다고
풍문으로 돌아 돌아온 소식들

이제 며칠 있으면 선산 벌초를 간다
늙은 고향도 보고 언덕도 보고
마을 앞 흐르는 시냇물도 보고
늙은 고향을 보러 늙은 타향이 간다

상사화

울음소리 세상에 오기도 전
돌아올 수 없는 계곡으로
갈 길이 바빠 떠나고

맺어진 인연 끝은 보기 어려워도
마음은 두고 떠나네

한 줄기에 묶여
궤적을 달리할 수 없지만
떠나기 싫어도 갈 수밖에 없어
그래도 혼자는 외로웠기에
먼 고개 넘어오는 발자국 소리를 듣고
조금은 지체된 시간에 떠나간다

오기도 전 누군가 가리키는 길로
안내자의 길을 거부할 수 없어
그늘조차 못 보고
용서를 빌고 떠나가네

*유복자를 생각하며

도토리나무

옛 거칠어진 민둥산 곳곳에
바람 불면
산야에 멧새 숨을 곳 없어
도토리나무 잎새가 가림막 되었다

봄이면 풀 베는 농부 낫질
도토리나무 잎새는 수난을 당하지만
새순은 끈질기게 돋아나
이듬해에는 어김없이 탐스러운 도토리 열렸다

바람 불면 허전한 도토리나무
잎새로 도토리 가려주고
귀한 열매 키워 내는데

가을 되자 아낙들은
험한 산길 돌아 도토리 열매 거두어
가족들 즐기는 도토리묵 쑤고
이웃 간 다정한 정을 퍼 날랐다

거대한 물결 그 이후

싸리나무 사립짝 버리고
마구간 황소 울음 듣기 싫어
오일장 장날에 내다 팔고
회오리바람 속 작은 티끌로
시간 버스 타고 떠났다

하늘이 준 천혜의 청정지
돌 틈을 흘러내린
약수 받아먹고 자란 총명한 아이는
쇠 비린내 나는 수도꼭지 타고 온
걸러진 오염수 먹고 살았다

도시로 가야 했던 도시병 쌓여
쓰레기 더미 보낼 곳 없더니
폐기물 처리장은
회오리바람으로 떠나간 농촌 마을 받아 간다

총명한 아이가 만든 농기계
외상값 빚더미는

농부 어깨 짓누르고
일 없는 노동자 남아돌아
귀농으로 돌아가는
청년 농부 이름이 부끄럽다

들꽃

낮에는 햇살
밤이면 별들이 찾아와 이슬을 두고 가는데
있으면 있는 대로
받아먹고
빼앗거나 빌어먹지는 않는다
지나는 바람은 꼬리만 닿아도 좋고
왔다가 갔다는
풍문으로 들은 인사라도 더 바랄 것 없다

자랑할 것도
하지 않을 것도 없는
포개진 두 입술 콘크리트 벽처럼
굳은 심장이다

웃고는 있어도
할 말이 많아 입술을 내밀긴 하지만
헐뜯거나 지어낼 줄 모르고
바다로 가는 강물처럼 밤하늘 박힌 은하를 닮아서
이 계절 다 가도록 조용히 명 붙이고 산다

월심月心

기울면 차는 것을
바라지는 않았지만

남김없이 주고
빈털털이 그믐밤으로
돌아와 기다리면
초사흘부터 주머니는 부풀어 차올라
주어야 하기에 모두 채우고
소탕疏宕하게 웃었다

강을 건너고 산을 넘어
마음 아픈 마음을
그리도 많게 보다 보면
가만히 채워 두기가 부끄러워
주고 나면 차오르는 만월이 된다

배롱나무

남들 오지 않는 곳
제 식구만 보라고
할아버지 산소 옆 배롱나무 산다

뜨거운 백일을 참고 살아
붉은 가슴 열고
생전 못다 한 한을 버리지 못해
토혈을 쏟아내고

풀지 못한 젊은 꿈은
떨어지지 않고
붉은 심장으로 피어난
질긴 생명으로
끓는 백일을 살아나고

오늘 밤 자정 원혼의 소쩍새가
배롱나무 가지에 찾아와
이슬 맞고 홀로 앉아 옛이야기 들려준다네

브레이크

아무 곳이나 남발하는 것은
브레이크 아니다

필요로 할 때 피해 가면
브레이크 아니다

브레이크는 브레이크가
필요로 할 때 오는 것이
브레이크다

브레이크를 남발하는 자에게
브레이크를 주면 제 길로 움직이지 못하고
브레이크가 없어
법이 제 마음대로라는 말은
길을 잘못 든 것이고
브레이크에 목마른 자는 법으로 따져 볼 일이다

흔들리는 지팡이

세월 먹은 꺼먼 잡티
여기저기 생채기처럼 얼굴에 돋아
흐려지는 동공은
가을이 문턱에 닿은 것 같다는 소리
거울은 저가 보고 저가 답을 보낸다

파란 이끼 돋아난
계곡을 흐르던 물소리는
유리알처럼 맑고 고운 음색을 품어
싱그러운 향기 그윽했다

초가을 들판 풀밭에 내린 이슬
그 영롱함은 가을 벼 영그는
감로수였다

주먹 불끈 쥐고 소리 지르던 아가
쥐었던 주먹도 펴버리고
딸이 사다 준 건강기능식품 몇 알
먹은 줄도 몰라 약병 보고 트집 잡고 있다

짐승 울음소리 들린다

우주가 선물한 지구
배고픈 악귀들은
충혈된 눈으로 레이저를 발사하고
험악한 소리 질러 평온을 앗아 간다

신화가 좋으면 신화를 만들고
전설이 좋으면 전설을 심어 살면 될 것을
왜 죽고 죽이느냐?

병든 과학은
외눈에다 초점을 두고
시력조차 잃어버려
수많은 생명을 앗아간다

우크라이나 벌판에서, 열사의 땅에서
아기의 애끓는 울음소리 들리고
가슴에 묻은 엄마의 한이 살아나
원한으로 굳어진 엄마 두 귀에는
날뛰는 짐승들 울음소리 귀가 찬다

가루의 밀도를 헤아릴 수 없다

자궁을 떠 난지 까마득한 날
옆집 아이 정수리에 돋았던 부스럼 딱지도
골목을 돌아가는 허연 무명바지 그늘도
가물거리는 망막에서 어둠이 내린다

고막을 울리든 따발총 소리 너머
가녀린 생명선 하나에 굵은 명줄을 주저리 달고
떠나온 것은
뿌연 먼지가 금방 날아간 세월이다

얼마나 먼 골목이기에
얼마나 먼 개울물 소리이기에
보지 못하고 들을 수 없는가,

가슴으로 안은 무덤이 될 줄을 어이 알았으랴
그 가슴 깊이는
타고 또 타는 실향의 숯덩어리
백탄이 되고 가루가 되어
이제 그 밀도는 헤아릴 수 없다

제 3 부

홍시를 먹는다

식탁에는 홍시가 산다
시퍼런 이파리 두서넛 달고
더운 여름을 하얗게 입힌 채
매미 울음을 귀에 꽂고
홍시가 산다

시장에서
단풍 따라온
달콤한 향기 먹은 홍시
식탁을 보며 멋을 부린다

몸채 마루에 누워 올려다보면
이파리 한두 개 가을 속으로 걸어가고
빨간 홍시가
부끄러운 미소를 보내며
수줍게 웃는데
수줍은 웃음 그냥 두지 못하고
파란 하늘을 가져와
목젖을 올려 가을을 먹는다

파란 하늘을 보고 웃었다

늘어진 자전거 체인 줄처럼
칭얼대는 한낮
겨드랑은 젖어서
마음까지 적시던 그날
뙤약볕 서슬에 기가 죽어
그늘 따라가기도 힘들다

볕살이 지나면
거센 바람이 오고
연이어 빗줄기 퍼부으면
강 아래 떠내려가는 울음이 있고
땅속 몇백 미터를 헤엄치는
길 잃은 눈동자가 보인다

이게 사람 사는 땅인가?
삶이 무너지고 통곡이 넘쳐대는…
누가 키웠길래 이러냐고 탓하는 소리 들리는데
원망하는 소리는 메아리가 된다

곡절의 시간이 지나고
아파트 베란다에 누워 시원한 바람을 맞이하니
파란 하늘이 미소를 준다
그 고마운 미소가 너무나 흥감스러워
소리 내어 웃었다

흔적

산으로 가서 소나무 숲을 보라
끼리끼리 모인 솔밭에는
곧게 자란 소나무 인물도 좋아
키 자랑하며 쭉쭉 자라 엉켜
웃기도 많이 웃고들 있다

길섶에 덩그러니 서 있는
덩치 큰 소나무는 가지를 많이 달고
풍성한 모양새 하고 있어도
밑둥치는 온갖 상처가 나고
굽어 자란 흔적이 고독처럼 남아 있다

오늘도 나는 골목 시장 주점에 앉아
지나가는 발자국에 내린 소리
웃음이 담겨있는지 유심히 보고 지나간 뒤
남겨진 흔적을 주워
막걸리 사발에 담는다

우울한 벚나무

길을 지키는 늦가을 벚나무
데리고 살던 잎들이 길 찾아 가버리고
누구 하나 이야기 붙일 곳 없어
삭막한 고독을 앓고 있다

지나가던 나그네가
조금만 손짓을 해도 출렁이는 배꼽을 잡고
흔들어 대었는데
북쪽 먼 곳에서 소식 전하는 전갈이 당도해도
굳어버린 가지에 반기는 표정이 없다

저 우울한 벚나무
시무룩한 표정만 보아도 속이 상한다
생기조차 잃어가는 안타까운 모습
언제 다시 아지랑이 까불대는 옆집을 보고
방긋대는 웃음 웃고
춤 날리는 그날을 볼 수 있을지

보고 싶다

보호밖에 배운 것 없다

내가 가꾸는 이 초원
함부로 침범 못 하도록 철조망 치고
100m 이내에는 보호구역임을 선포한다
부드러운 융단을 깔고 미풍만 지나가도록 하고
CCTV를 달아 주변을 살핀다

귀를 막아도 빗발치는
항의와 벌떼들 울음소리에
주눅 든 옛 사연이 떠올라
이것마저 안심이 되지 않아
초원으로 가는 길옆에는
쇠막대기 촘촘히 세우고
엔진 소리 괴물은 함께할 수 없도록
굵은 선을 가슴에 새겨준다

보호구역 밖에서 살아갈 내일은
생각할 여유란 없다
입 다물고 창백한 얼굴로
길을 가는 내 어린 양들

〉
보호만 배워 언어가 서툴고*
위기를 넘기엔 어눌한 태도가 시간이 모자란다

*초등학교의 과잉보호 심각성

지렁이의 탈출

성불사 가는 새벽 산길
입동을 하루 지났는데도
길바닥에 누워 한숨짓는 지렁이 있다

자던 곳 더워 열을 못 참고
땀 식히려 밖으로 나와
낭패를 당하고
눈이 없어 왔던 길을 찾아갈 수 없다

천지 광명 대자대비
새벽 종소리 울어 대지만
귀가 없어 자비를 못 받고
새벽 예불 가는 불자들은
길바닥에 널 부르진 지렁이
어두워서 보지 못해 생명을 밟고 간다

부처님 면전을 더럽힌 죄
속죄도 못 하는데
지렁이 꿈틀한 줄 지렁이나 알까?

월심月心 2

보름날 만월은
채울 것 다 채워
내일부터 주기로 한 기쁨에
큰 웃음으로 세상을 밝힌다

그믐날 동녘 달은
쭈그러진 행색을 하고 있어도
줄 것 다~ 주고 나니
기쁜 마음을 귀에 걸었다

평천재* 平泉齋

억겁 세월을 견뎌온
평천재* 추녀 기왓장 모서리는
비바람에 시달려
후손의 갈무리가 거듭된 정성으로
계묘년 시월 초하루 햇살로 빛난다

선조의 발걸음 모신
평천재 내실
오늘따라 큰기침 소리 들리고
뻗어간 자손들 튼튼한 줄기
주저리주저리 열려 머리 숙여 큰절하고

삼백육십오일 하루도 빠짐없이
자손들 평안을 지극정성 고대하는
높은 뜻 헤아려
보답하는 문안 인사 올린다

담장 옆 수백 년 버텨 온 추자나무는
단풍 들어 떨어지는 계절을 마다하고

고목이 된 둥치에
새 가지가 돋아나 푸른 잎들이 탐스럽고
자손 번창 기원하는 선조의 깊고 높은 뜻임을
마음 깊이 아로새겨 돌아간다

*평천재 : 합천이씨 '목사공파' 선조를 모신 재실(합천군 대병면 승리 소재)

가로수 둑길

양 날개 닮은
가로수 늘어진 둑길 끝 지점
아지랑이 흉내를 내는 두고 간 심장
졸이든 마음 그리움이 살아있다

울적한 심사가 스미는 시름 부르면
멀리 떠나고 싶은
출렁거리는
세찬 바람 타는 강물이 되고
가로수 흐늘대는 둑길에 나온다

만추의 남겨진 단풍잎들은
갈 곳을 잃어
설렁대는 바람 한순간에
힘없는 꼬리를 내리고 슬며시 떨어져
지난 한 해를 추억으로 남겨 사라지려 하는데

석양에 물든 붉은 단풍잎처럼
좁은 눈썹 사이 눈물 속에 날리는 시선

진한 그리움과 함께 둑길에 남겨
잔잔한 심장 울음을
발자국 속에 쌓아두고 가려 한다

개나리의 항변

온 산야가
거대한 힘에 못 이겨 굴복하고
자신의 신분을 위장한다

낮은 곳에서
몸집을 낮춘 가로수는
고문을 이기지 못해
달고 있던 살찐 여름을 버리고
앙상한 뼈대만 들어내
용서를 빈다

비탈진 산야는 온통
노란색 위장의 마술로 위기를 넘기려 하지만

뚝심 강한 개나리는 고문으로
시원한 여름을 보낸 잎이
떨어져 나가자
분에 찬 퉁방울 같은 눈을 부릅뜨고
싸늘한 겨울과 맞서고 있다

까마귀

까마귀 한 마리가
검은 비닐봉지 하나 물고
높은 나뭇가지 끝에 앉아
운 좋은 틈새를 찾고 있다

노려보아도
샛바람 지나는 틈새밖에 없고
고깃덩어리 주워 먹던 시절은 옛말이 되어
짠 냄새 풍기는 시장골목
동전 하나 흘려 두지 않아
찬바람만 분다

비삼飛蔘으로 불리는
힘 좋은 날짐승
덕분에 몸값이 장난 아닌데
돈 많은 세상에 속는 셈 치고 달려드는 졸부들이 많고
잊음을 심장에 숨겨두어
치매 환자 늘어난 세상 되었는지도 모를 일이다

여인의 자화상

어떤 날은 초상화가 되고
심란한 가슴 뛰면 진한 색을 칠해
날씨 따라 변하는
자신의 심장을 닮아가는 자화상을 그린다

나를 거울처럼 볼 수 없어
움직이는 거울을 보고
거울이 주는 떨림으로 수다가 늘어난다

언짢은 일을 당하면 눈물이 나고
눈물 자국 그대로 두면
자화상 상처 두고 볼 수 없어 수정을 하고
앉은 자리 따라 참아가는 미덕을 배운다

세상에 올 수 있도록 허락해준
닮은 자화상 부음을 받으면
순수한 자화상으로 돌아가
초상화 앞에서 무릎을 꿇고 모두를 고백하며
그리도 슬픈 울음 울었다

말귀

말에는 귀가 살고 있었네
부드러운 미소로 간을 빼 가고
험상궂은 이빨로 여린 마음 도둑질하는
그런 말귀를 보고 싶은지

냄새가 나지만 향기가 있고
맛이 있지만 독하지 않고 쓰지만 달콤한
말귀를 찾아서 언제나 두 귀 세우고 산다

말귀를 모른다고 구박당하는
총기 있는 귀는 이할 부족해서
천덕꾸러기가 된 총기 있는 귀
천치가 된 귀는 눈까지 감고 봉사가 된다

말 같은 소리에 귀를 열고
말귀를 찾아 길을 떠나서 돌아오는 길
가고 싶다 쭉쭉 뻗은 전나무 숲길을
열어 두고 산지 얼마이던가
쟁반 위에 흐르는 은구슬 싫다

돌담

모난 돌만 골라
정 붙여 살라고 아귀 채웠다

손자가 할아버지 되고
할아버지 꽃상여 타고 가는 모습
돌담 아래 쭈구려 앉아
눈물 흘린 손자도 할아버지 되어 떠나고
돌담에 기대어 눈물 적신 손자를 위해
넓은 품을 만든 돌담
오래오래 영원한 기억을 둔다

길 가던 아이가
담 안을 기웃대던 그날
아낙네들 입바람 풍문 무섭고
향기 풍기고 싶어
먼지를 잡아 모아 꽃씨 심었다

향기로 자라나는 돌담처럼
비바람 묵혀서 쌓아

당신의 거만 떠는 작은 기침 소리
오늘 밤 자정에는 가두어 둔다

떠나시더니 산에 산다

사랑채 대문간으로
두루마기 자락 날리더니
몸채 부뚜막 지키던 강아지 짖는 소리
문상객 빈소 해금 소리는
할아버지 3년 아버지 3년 막내 삼촌 1년
칠 년을 앓았다

불후의 명곡처럼
음표 하나 없어도
화음은 세상에서 둘도 없었다

생각하면 가슴 떨리고
어린 시절 골목 돌던 날들이
잊을 수 없어도
'인생지사 새옹지마'
빗나간 적 없다는 옛말 다시 들리는데

사랑채 앞 남새밭에
치마끈 흘러 내리던 할머니

메뚜기보다 약한
어머니 목을 누르던 볏단
바지게 입보다 더 숨 가쁜 형제들
오르막 오르는 숨소리
귀가 찬 멜로디였는데
오 남매는 모두 칠순 넘었다

누군가 우리 사는 곳 어디냐고 물어오면
할아버지 할머니 아버지 어머니는 산에 살고요
오 남매는
언덕 하나 너머 초가에 산다고 말하여 주오.

♣ 어려웠던 어린 시절을 생각하며(2023.12.25.일)

맑은 양어장

맑은 윗물 들어오면
아랫물 흐르는 배수구
향기가 난다

양어장 물 마당은
당신의 넓은 가슴
닮고 싶어 몸부림치는데

죽은 물고기는 버려야 하고
독을 품은 물고기는
독을 풀어줄 곳으로 보내야 하고
물을 흐리는 쓰레기 걷어내
양어장 물 마당은 향기가 차야 한다

미세먼지 앉고 싶은 자리
부릅뜬 맑은 눈으로 갈아주고
악취 나는 물고기는 미리미리 치워
초록 눈빛 새지 않게 틈을 주지 않는 당신이어라

기억을 흘려 두고

건너다보이는 곳
단층으로 채색된 큰집

길 가던 중생
그냥 갈 수 없는데

길가에
쓸만한 지팡이 하나가
점잖게 가로누워
검은 구름 유속을 재고 있다

기억을 흘려 두고

보자기만 한 미나리꽝

호미와 바구니 들고 봄을 캐러 간다

개울가 양지쪽 병아리 싹을 캔다

버들강아지 피리 소리는
양지쪽 햇살을 불러오고

큰 뺌이 논두렁 아래 샘물 나는 곳
재를 뿌려 거름을 하고 봄 향기 심어

정성으로 키워 낸 미나리

늦은 봄 증조할머니 제삿날
할머니는 대소쿠리 하나 들고
봄 내음 거두었다

산이 외로운지

고개를 돌아 돌아오는 언덕을 밟고 서서
기다림의 입김을 뿜어 대는 산

할미꽃 고개 숙여 햇살을 마중하면
푸른 새 옷 갈아입고 설한을 내뱉는다

찌는 듯 무더운 날엔 깊은 녹색 그늘을 깔고
머리 위에는 뭉글거리는 구름을 띄워

식은 바람 옷깃을 여미면
고소한 열매를 달아
파란 하늘 닮은 발걸음 가볍다

삭풍이 불면
천사처럼 백의를 꺼내입고
찌든 가슴 다독여 주는데

사계를 온몸으로 녹여둔 산
찾아오는 손님이 많아 외롭지 않다

꽃이 싫어서

베란다 화분 속
테이블야자 한 폭
철도 모르고 푸른 냄새를 풍긴다

때만 되면 물을 받아먹고
온실보다 더 온실 같은 창안에서
부러움 없이 살았는데
어느 날 삐죽한 꽃대를 내민다

꽃을 피우는 것은
살 만큼 살아 마지막 떠난다는 몸짓일 텐데
내민 꽃대는 향기도 없고 아름답지도 않아
철딱서니 없다는 생각이 들고

모양새 사나운 꽃대 하나
아직 마지막 송별을 하기에는
까마득한 날로 여겨 보낼 수 없다는
욕심을 버릴 수 없어
가위질에 무참히 잘려나가고 만다

흙에 묻힌 복령 하나

낮에는 푸른 햇살을 먹고
별이 쏟아지는 밤이면
고독으로 숨을 쉬며
새벽에는
맑은 이슬방울 마시고
살아온 날들은
푸른 정절의 일생이었다

버리고 간 세월은
흘러도 흘러도
변할 줄 모르고
모양새만 달라지는
속 검은 진실

뿌리는 상하여
흔적이 지워져도
얇은 마음 하나 남은 것은
흙으로 묻혀버린 복령 하나다

평화를 머금고

하얀 거품을 물고 아우성치며
어깨동무하고 몰려온다

한반도 풍전 등불 같은 위기가 몰려온다
인천에서, 여수, 통영, 부산 다대포
그리고 해운대 백사장으로

거대한 총부리를 앞세우고 달려오지만
눈 깜짝 않고 벗어버린 나체의 향연은
고함도 모르고 조용하다

뛰는 심장 울리는 포성도
천둥을 몰고 오는 전차戰車의 굉음도
끓어오르는 용광로 속으로 사라져 가고
해운대 모래사장에는
첫돌 지난 아기
맨발 자국 소리만
뽀송뽀송 그늘을 남긴다

제 4 부

쑥밭골 콩밭 Ⅰ

밭두렁 곳곳에는
완두콩 애호박 갖가지 열매
정성으로 심은 흔적 잊지 않고
변함없는 어머니 젖가슴 닮았다

밭고랑 호미질은
무더운 여름 땀범벅으로
눈물처럼 흘러내리자
제발 집에서 손자나 보라고
애원하던 콩밭 고랑 독사는
고집 많은 당신을 꺾지 못해
더운 여름 한 철 쉬도록 선물을 주었지만
당신은 그리도
콩밭 고랑 못 잊어
그해 여름 다 가도록 울었다

쑥밭골 콩밭 Ⅱ

쑥밭 골 콩밭 아래쪽 도로에는
읍내로 가는 황금 버스
고갯길 넘어가는 목쉰 소리에 산골이 운다

콩밭 멧비둘기 앉을 자리는
무심한 세월을 이길 수 없어 사라지고
면 소재지 마을도
합천호 수심 깊은 물바다 되었는데
어머니는 재 넘어 양지쪽 산비탈에
육십 년도 못 본 지아비 곁을 찾아갔다

합천호 푸른 수면은 어머니 한숨을 담아
새벽이면 안개를 풀어 흘러간 노래 부르고
읍내로 가는 황금 버스 창가에는
이 골짝 시름 싣고가는 눈물이 맺히는데
어머니는 아직도 콩밭 고랑 잡초 뽑지 못해
삼베 치마폭 허리에 동여매고
이리저리 밭고랑 헤매는지
알 수가 없다

봄으로 가는 언어

찬바람은
고개를 돌리고 분노를 불러
귀를 털어 막고 시선을 흘려버리자
저네 끼리 난리를 쳐 세상은
말문을 닫아 인정머리 하나 없었는데

경칩이 지나자 길가 벚나무가
부드러운 입김을 풀어
이웃끼리 눈짓으로 조용히 말을 건넨다

봄을 기다리는 나그네도
벚나무길을 말없이 걷다가
저네 끼리 주고받는
봄으로 가는 숨 바람 속에 숨어있는
봄의 언어를 엿듣고 부끄러워
눌러쓴 두꺼운 겨울 모자를 벗어들었다

별을 유혹한다

어둠이 오는 길목을 지나면
초고층 아파트 꼭대기에
눈빛 하나로
수많은 별을 향해
윙크를 보내는 한심한 철부지가 산다

비 오는 날
아니면 구름 낀 낮이면
보이지도 않은 별을 향해
끝없는 윙크를 보낸다

가끔은
제가 있는 원점도 찾지 못하면서
그렇게도 외로웠던가
보이지 않는 별을 향해 수없이 보내는 윙크
처절한 안타까움에 보듬어 주고도 싶다

신발

발을 잃어버린 신
떠난 발은 신을 버려
사립 밖 나가면 바람 소리 나고

발을 못 잊어 울고 있는
텅텅 빈 가슴은 신이었을까

다시 보니
시집가기 전 발을 잊지 말라고
시골 오일장 고르고 골라
고이 신겨 보낸 꽃신인데
돌아와 댓돌 위에 얌전히 앉아있네

신을 두고 간 발은
어둠이 내리면 세상 어디서 헛발질하고
고래고래 입 벌리고 그렇게 살다가
바람 부는 저수지 둑길 걸어가다
헤벌쭉 웃고 있는 낯선 미소를 보았지만
발이 잃어버린 처량한 냄새는 알 수 없다

눈물 냄새

세상 살아갈 근심으로 태어난 아기
괴로움을 알리는
애가 타는 냄새가 난다

굽이굽이 고개만 넘다가
쉬어갈 자리 하나 없어
한숨 속에 숨겨놓은 아리는 마음은
고달픈 세월 냄새가 난다

살아생전
무엇이 먹고 싶은지
물어도 보지 못한 불효
제사상 위에 켜놓은 촛불 아래
가슴 타는 냄새가 난다

친구여!
가던 길이 험하면 둘러도 가고
잘못된 길이거든 돌아도 가고
힘겨워 않기를 빌기는 하지만

고쳐 못할 길은 영원의 길인데
떠나온 고향은 골목마다 술래가 숨어
지금도
아이들 시끄러운 소리에 달빛 우는 냄새가 난다

파란 향기는 추억을 부른다

저 산 넘어
언덕을 오르는 햇살도
파란 향기가 힘이 되어 등을 민다

얼마나 보고 싶은 향기였기에
가슴 저 끝에서 차올라
뛰고 싶은 마음, 날고 싶은 발끝은
향기로운 이 아침의 숨소리다

암흑의 계절을 잊고
소생하는 생명의 축제를 위해
마음껏 가슴을 펴고 하품을 한다

병아리 발톱보다 더 귀여운
싹을 틔우는 사이사이마다 파란 향기를 더해
노래하는 힘이 솟는다

잊었던 옛 기억이
파란 향기로 다가와

뺨을 스쳐 가슴 설레고
노송의 마디마디에는
하얀 실뿌리가 새로 돋아와
가쁜 숨소리로 파란 향기에 취해가고 있다

장산을 등에 지고

성불사* 계곡은 봄으로 가득하다
누가 저처럼 예쁜 자두꽃을 두고 갔는지

붉은 도화가 청솔 개비 사이사이
눌러앉아 속삭이는 봄 소리에 화음을 넣는다

해운대의 비경을 품에 안고
장산을 짊어진 성불사 계곡
청솔밭에 솟아오른 미륵보살 입상
속세를 굽어보며 미소를 머금고
공허한 불자의 마음을
위로하는 십이지신상은 별빛을 품에 안는다

새벽 발걸음을 조심히 옮겨오는
성불사 대웅전 뜰에서
심장을 멈춘 세상 잃은 나그네가
울려오는 독경 소리에 잊은 길을 찾고 있다

*성불사 : 해운대구 우2동 소재 장산 기슭에 자리한 사찰

세월을 두고

세월을 잡고
늉을 걸면 미워서 어쩔거나

태어난 세월이
영원한 것인 줄 알았어도
철들어 세월 가는 주름살 보고 알았다

실낱같은 명줄을 자랑하는 사람아
모두가 남가일몽南柯一夢인데
늘그막에 오는 탐욕은
더 빠른 영원으로 가는 길목임을 모르고
부를 이루고자 안달하는 졸부들아

그냥 그대로 있는 세월을
가거라 먼저, 무정하다 세월아
졸라대는 어설픈 손짓 거두고
깊어가는 초조함은 동창을 크게 열고
어두운 새벽 날빛을 마셔 볼 일이다

합천호

수심 깊은 반석 위에
고현 시골장 장돌뱅이들이
할 일 없어 코 골며 잠잔다
해가 뜨는지 지는지도 모르고 잔다

돈벌이 바쁘던 그 사람 조상 묘
제때 챙기지 못해
물이 덮쳐 이중으로 수장되고
뒤늦게 찾아온 후손들은
수심 깊어 인사도 못 드리고 돌아가고
수 천 년 지나도 볕 보기는 틀렸다

면 소재지 느티나무 서 있던 마을
정분 깊은 마을 사람 여름이면 마당에 솥 걸고
갖가지 음식 조리해
느티나무 밑에서 정을 나누었는데
물들어 온다고 숨 가쁘든 소리에
신발조차 못 챙기고 달아나 갈 곳 없는 신발
물결에 떠밀려 흘러 다닌다

고향을 잃은 사람들

포성이 울리는 사선을 넘지 않아도
폭음에 놀라
고향을 잃은 사람들

보금자리 무너진 수몰민들은
꿈에서도 이웃들과
인사를 주고받든 만남의 장소
깊은 수심 쌓이는
물고기 술래잡기하는 그곳이 고향이다

송두리째 마음을 그곳에 두고
이방인처럼 객지를 떠도는 고향 잃은 사람들
오늘도 차가운 가로등 불빛이 어깨를 치고 간다

수몰의 그늘이 깊어
때로는 물가에 앉아 작은 풍랑과 함께
놀다가 돌아가기도 했는데
고향을 잃고 떠도는 영혼의 보금자리
지금도 잘 있는지 진정 보고 싶다

천불천탑의 소원

허굴산 남쪽 기슭
와 불의 형상으로 된 지형을 아래 한 곳
허굴산 남쪽 기슭 천불사

수많은 소원이 적힌 리본들이
천불사 입구 길 양편서부터
주변 일대를 펄럭인다

주지 스님이 직접 쌓았다는 천 개의 불탑도
찾아오는 불자들의 소중한 정성으로
불상에 던져진 동전과 지폐가
방문자의 수를 헤아리고 있다

무슨 정성으로 천 개의 불탑을 쌓았는지
예사롭지 않은 노고를 헤아릴 길이 없고
오랜 고려 시대에 창건되었다는
천불사 소원 성지

찾아온 불자들이 소원을 빌고 간

오색 찬란한 리본들
폭풍 속에 내리는 힘 좋은 빗줄기처럼
소원을 빌고 있다

슬픈 달빛

마굿간 구석에 숨었다가
홀아비 자는 방 들창에 걸려있는
슬픈 달빛
창백한 얼굴을 하고 앉아있다

뜬눈으로 기다렸지만
문 여는 소리 들리지 않고
가슴 쓸어내린 홀아비의 길고 긴 밤
내버리지 못하는 아픔을
상처로 새긴 슬픈 달빛이
지나가는 바람에 흔들린다

새벽 닭울어 밤은 지나가고
이웃집 부엌에서 아침을 준비하는
그릇 부딪치는 소리 들리고
달빛은 엷어
서산을 넘어가는 슬픔을 더하고 있다

용문정 긴 추억

소풍을 간다 그 우람한 솔밭
용문정으로 초등학생의 설레는 가슴
밤잠도 설친 초등생의 가슴에 벅찬 소풍
기차도 아닌 버스도 아닌 걸어서 간다

아침 일찍 준비한 어머님의 도시락
책을 싸든 책보자기에 도시락을 싸서
즐거운 소풍을 간다

지금은 합천호 아래로 흐르는 옛 황강을 건너
용문 정 넓은 뜰로 가는 즐거운 소풍
황강의 센 물결을
용감한 초등생이 건너는 즐거운 소풍
물에 빠진 생쥐 같은 친구를 보고 웃기도 했다

점심시간이 끝나면 용문 정 솔밭 그늘에 모여
장기자랑도 하고 "천고에 신비로운 황매산 아래…"
교가도 합창하고
초등학교 교가는 신나는 우리의 힘이었다

역설 逆說

해가 서쪽에서 돋아
동쪽으로 넘어가고
물은 아래에서 위로 흐르고
좌현을 우현이라 하고 우현을 좌현이라 하자

모든 문자는 애초
약속이 아니든가
사람이 먹는 것을 밥이라 하지 말고
개가 먹는 것을 밥이라 하자
나만 생각하는 나와의 약속은 외출할 수 없다

문자는
공통의 통용성이 있어야 하고
진리에 반하면 문자로 정당한 대접을
받기 어렵지 않을까 하는
생각을 버리자

없다고 고개 숙이고
몰라서 무식하다는 말 들으면

바보 천치가 된다
돈이 있으면 거만스럽고
배웠으면 많이 안다고 목에 힘주고 사는 것이
제맛이지

세상은 죄지었다고 숨어 사는 한 낮은 지났다
그래도 죄를 지어도 양심 있는 처세는 필요할 것인데

지리산 천왕봉

로타리 산장의 하룻밤을
꿈으로 남겨두고
새벽을 열어 정상가는 길에 나선다
천왕샘 샘물로
속세에 오염된 온갖 폐수를 씻겨 내
'민족의 영산' 봉우리를 향해 자국을 남기고
늦은 봄으로 가는 계절은
남한의 두 번째 높은 산으로 제값을 하는지
새벽바람이 제법 서늘한데
천왕봉에는 모여든 등산객이
천왕봉 표지석을 애인처럼 끌어안고
뒷날을 기념하고 싶은 정신없는 모습들
안개비가 산등성을 넘으면서
등산객 겨드랑이 사이사이로 소리를 남긴다
천왕봉아 네가 서 있는 자리가 영남이라
티 내지 말고
영남과 호남을 굽어 안았으니
영호남 지역에 살아가는 사람들
각인각색의 어려움이 있는 줄 알고 있다면

'민족의 영산' 이름으로 품어줄 것을
천왕봉 표지석이 권유한다
천왕봉 찾은 등산객들은
'한국인의 기상 여기서 발원되다'
새겨진 뜻을 가슴에 안고 하산을 한다

오월이 온다

소리 익어가는 오월이 온다
삼라森羅의 질서를 거부하고
준비하던 사월이 끝나면
하늘에서 지상에서 들고나와
소리를 치리라

자벌레는 부드러운 초록을 삼키고
억센 검은 날짐승은 자벌레를 먹으며
환희의 괴성을 질러대
준비하는 사월은 소란이 일고 있다

오월은 푸른 축제를 기다리고 있는데
땅속에서 내미는
발아된 생명이 자리를 찾으려는 몸부림
입 다물고 침묵하던 덩치 큰 나무들의
잎 피는 소리
하늘을 나는 짐승들의 생존을 고수하는
치열한 다툼의 소리가 준비를 끝내고
오월로 가고 있다

만물이 준동하는 오월이 오면
봄이 익어가는 합창 소리가 녹음을 불러
시끄러운 그늘이 짙어 가면
그늘을 베고 누워
봄이 익는 합창 소리 듣겠다

산딸기

골 깊은 덤불 밑
산처럼 큰 바위가 있는 곳
혼자 꽃을 피우고
벌 나비와 사랑을 나누어
외롭게 열매를 키웠네

산길을 걷든 허기진 목동
몰래 가만히 옮긴 발자국 끝 지점 산딸기는
애처로운 눈망울 그냥 보낼 수 없어
입술을 허락하고
평생 당신의 산딸기가 되기를 맹세했다

기우는 저녁 해는
이별을 골짜기에 늘어놓고
눈까풀을 슬며시 내려 붉은 눈물을 보이고
입술을 받아먹은 안타까운 사랑은
기약 없는 내일을
잊지 말도록 약속하고
달콤한 하루를 이별한다

무덤가 복령

어머님 무덤가
불에 탄 소나무 뿌리에
복령 달렸네

자식들은 무덤 태운
산불 낸 자를 찾을 수 없어
안타까운 심정으로
불효의 용서를 빌고 있는데

어머님은 머리를 흔들어
애타는 마음으로
자식들을 위로하고
자식들 잘되라고 비는
곱게 포장한 근심 걱정
복령에 담아 두고 있으니
어머님의 깊은 마음 한량없다

□해설

수몰된 고향과 상실감의 극복

강 영 환 (시인)

 시는 시인의 맑고 투명한 영혼을 담아내는 그릇이다. 그러기에 깨지거나 금이 가거나 이빨이 빠져서는 온전한 시인의 영혼을 담아낼 수가 없다. 시도 시인의 영혼과 같이 살아 숨 쉬는 유기체다. 생각이 있고 살아 있기 위해 숨을 쉬는 호흡과 심장이 뛰는 맥박을 지닌 생명체인 것이다. 그렇지 않다면 시는 시인의 손을 떠나 독자에게 갈 수가 없다. 시 스스로 독자에게 걸어갈 수 있는 생명력을 지녀야 한다. 시가 살아 있기 위해서는 완벽한 모습을 가지고 눈을 똑바로 뜬 영혼이 담겨있어야 한다. 살아 있는 유기체가 된 시는 어느 곳에 가서 문을 닫고 숨어 있어도 그 숨소리와 향기가 배어 나와 언젠가는 세상을 향하여 소리칠 수 있을 것이다. 그러기에 시에 생명력을 불어넣는 일이 시인이 한 편의 작품을 갈무리하는 기준이 될 것이다.

시인이 시를 쓰는 이유로는 첫째가 자신의 존재를 밝히려는 의미다. 사람들이 시를 쓰고자 하는 이유도 살아온 자신의 모습을 확인해 보고 이 땅에 살아온 의미를 찾고자 하는 뜻일 것이다. 그것은 가스통 바슐라르가 피력했듯이 시인의 관심은 존재에 있으며 그것을 의미화 하기에 앞서 실재를 노래한다고 했다. 시인은 새로운 세계의 의미를 찾는 일은 부차적인 것이다. 시인의 성장기에 받아들였던 정서의 기반은 직접 보고 듣고 느꼈던 자연환경이다. 그곳에서 정서 함양이 이뤄졌고 이호원 시인이 만날 수 있었던 자연은 시인의 피 속을 흐르는 강이 되었고 뼈를 이루는 흙이 되었다. 그 강물과 흙이 이호원 시인의 정신을 담아두는 그릇이 되어 시적 정서의 출발점이 될 수 있었던 것이다. 그런데 이호원 시인에게는 그런 정서의 고향이 수몰되어 빼앗겨 버렸다. 그에 대한 상실감은 어찌 말할 수 있겠는가. 시인에게 고향은 영원히 수몰되어 찾아 갈 수 없는 땅이 되었다. 작품에서 시인은 수몰을 차출된 것이며 빼앗긴 것으로 본다. 그것은 돌이킬 수 없는 마음의 상처를 말하기도 한다. 빼앗긴 고향, 그것은 정신을떠 받들고 있는 한 커다란 영역을 누군가가 앗아 가버린 것이다. 이호원 시인이 이 시집에서 보여 주고자 하는 것은 바로 수몰된 고향, 나의 의사와는 전혀 상관없이 빼앗겨 버린 고향이라는 어릴 적 정서공간이 내 앞에서 사라져 버린데 대한 상실감으로 인한 자연에 대한 애착과 환경의 존엄에 대한 경외심을 보이고 있음이다.

《한국시원》 신인상을 받고 등단한 이호원 시인은 그동안 시집 『낮달을 찾는다』, 『시간을 택배 받다』, 『이호테우 겨울 해변』을 상재하였다. 이호원 시인의 시적 본향은 동심이 날개를 펴던 세계이다. 어릴 적 뛰놀던 고향의 자연환경 속에서 시심의 뿌리가 있음을 느낀다. 현재 속에서도 어떤 정서에 이르게 되면 스스로 유년 세계 속으로 발길을 되돌려 그때 자신의 모습을 새롭게 발견해 내고자 한다. 이호원 시인의 정신세계 중심에는 고향마을이 존재한다. 그 고향에는 또한 아버지가 있고 어머니가 있다. 고향에 대한 인식은 이호원 시인의 작품세계를 지배하는 중심 테제이다.

 잊었던 옛 기억이
 파란 향기로 다가와
 뺨을 스쳐 가슴 설레고
 노송의 마디마디에는
 하얀 실뿌리가 새로 돋아와
 가쁜 숨소리로 파란 향기에 취해가고 있다

「파란 향기는 추억을 부른다」 부분

고향 마을에 대한 기억은 합천댐이 만들어지면서 수몰된 고향이라는 상실감이 지배한다. 어릴 때 가졌던 고향에 대한 아름다운 추억들이 고향의 수몰과 함께 머릿속에서 지워지지 않고 그것은 세월을 더해감에 따라 더욱 또렷하게 남아 있다. 아쉬움이 커서 그것들을 망각으로 흘러내기에는 자신을 지배하는 힘이 너무 강렬하게 작용해 오기 때문이다. 그것은 실향민이 겪어야 하는 아픔보다 가까이 있는데도 갈 수 없게 상실돼버린 고향에 대한 안타까운 심사를 못내 떨쳐 버릴 수가 없는 것이다.

내 몸이 그늘 같다고
뿌리까지 뽑아 달아난
당신은 누군가
잘도 뻗은 긴 다리가 좋아
한 마디 소리도 지르지 못하고
강제 차출을 당한 나

참 좋았던 세월
아침이면 무서리 맞고도 기분이 좋아
뱃속 깊은 곳 속마음까지 시원했던
그 시절
그늘을 지키던 산속의 왕자였다

시끄러운 도시의 한복판 어귀에
내 멋진 긴 다리와 몸체를 두고 가
숨조차 쉬기 힘들도록
하늘을 덮고 간 당신
당신은 살 만큼 살도록 쇠푼이라도 받아 갔는지
걱정도 된다

너무 생각난다
그 고운 향기 자욱한 숲속
밤이 가고 날이 밝아도 그치지 않는
몹쓸 악취가 힘들어
상큼한 향기 어린 옛 그곳으로 정말 가고 싶다

—「차출」 전문

　시인이 어릴 때 뛰놀았던 고향 마을은 댐을 만들기 위해 차출되어 지금은 갈 수 없는 수몰된 땅이 되었다. 다른 목적을 위해 국가로부터 강제 차출되어 버린 마을, 조상 대대로 살아온 마을이 한순간에 마을 사람들의 의사와는 상관없이 빼앗겨 버린 분노와 갈 수 없는 땅이 되어버린 안타까움을 담고 있는 작품이다. 힘없는 자신을 그늘 같다고 비유하며 자신에게서 뿌리까지 뽑아간 그들은 누구인가? 싫다고 한 마디 소리도 내지 못하고 차출되어 사라진 고향, 그 고향

마을은 아침이면 무서리를 맞고 있어도 뼛속까지 시원해서 좋았던 고향이고 그늘을 지키던 왕자였다. 이웃들은 고향을 떠나 도시로 이주하면서 고향에다 다리도 놓아두고 빈 몸으로 하늘을 감고 떠난 이웃들은 충분한 보상을 받고 떠났는지 걱정도 되고, 고운 향기 그윽한 숲속은 도시에서 풍겨나는 악취와 소음이 심할수록 더욱 그리워지는 고향이다. 상큼한 향기 우러나오는 어릴 적 그 고향으로 되돌아가고 싶은 마음 버릴 수가 없는 것이다. 이처럼 수몰된 고향 마을에 대한 아픈 기억은 아래 작품에서 마을이 화재로 소실된 사람들과 아픔을 공유하는 계기도 된다.

  육십 채가 불타고 이재민 육십 명

  힘센 사람들
  모가지만 뽑아 들고 다가와
  챙겨주지 못해 미안하다고
  속죄하고 간다

  내일 모레면 해는 밝아지고
  구름은 멀리 떠날까?

「구룡마을 화재」 부분

시인 스스로도 시집 발간 의도를 서문에다 분명하게 밝히고 있다. 이호원 시인의 이번 시집에 실린 시를 이해하기 위한 길잡이가 된다.

 "이번 네 번째 시집에는 세상에 계시지 않는 어머님에 대한 생각을 많이 적어두고 있는데 이는 어머님께서 자식들을 위해 너무 많은 고생을 하셨지만, 자식으로서 해야 할 도리를 조금도 하지 못해 후회되는 마음으로 어머님에 대한 용서를 빌고자 함이며 또한 내 고향은 합천호의 수몰 지역으로 많은 고향 분들이 수몰의 아픔을 겪고 있어 위로를 드리고 싶은 생각이 머릿속을 떠나지 않아 아픔을 겪고 있는 친구들을 생각하는 마음을 적었으며… "

이 시집에는 두 가지 이유를 위해 시를 쓴다고 밝혔다. 첫째가 자식들을 위해 고생하다 돌아가신 어머니를 위하여 자식된 도리를 다하지 못한 자신의 후회와 용서를 비는 마음을 표현하고 싶었고 두 번째는 합천호에 수몰된 고향 마을의 아픔을 위무하고 함께 고향마을에서 뛰놀았던 친구들에 대한 그리운 마음을 담아내고자 함이다.

 포성이 울리는 사선을 넘지 않아도
 폭음에 놀라

고향을 잃은 사람들

보금자리 무너진 수몰민들은
꿈에서도 이웃들과
인사를 주고받든 만남의 장소
깊은 수심 쌓이는
물고기 술래잡기하는 그곳이 고향이다
송두리째 마음을 그곳에 두고
이방인처럼 객지를 떠도는 고향 잃은 사람들
오늘도 차가운 가로등 불빛이 어깨를 치고 간다

수몰의 그늘이 깊어
때로는 물가에 앉아 작은 풍랑과 함께
놀다가 돌아가기도 했는데
고향을 잃고 떠도는
영혼의 보금자리 지금도 잘 있는지 진정 보고 싶다

―「고향을 잃은 사람들」 전문

이호원 시인 앞에 놓여진 어릴 적 현실이 그대로 놓여 있다. 전쟁통이 아니어도 댐 건설을 위해 산을 폭파하며 내는 굉음에 놀라고 그 소리에 고향을 잃게 된 사람들은 아침저녁으로 만나 서로 다정하게 인사 나누던 곳이 바로 물고기가 노니는 물 속이다. 그들은 고향을 떠나 이주하여 삶을 살아가고 있지만 마음은 늘 그곳에 두고 몸만 떠돌고 있는 실향민이다. 고향을 잃었기에 어디를 가든 그들은 이방인인 것이다. 가로등 불빛이 어깨를 치고 가도 정 붙이고 살 수가 없다. 그래서 때때로 수몰된 마을 가까운 물가에 찾아가 몰아쳐 오는 풍랑을 한참을 지켜보다가 돌아서기도 하지만 고향을 잃고 떠도는 영혼은 언제나 고향 마을이 보고 싶은 것이다. 어릴 때의 추억을 고스란히 간직하고 있는 고향 마을은 마음을 지배하는 트라우마로 형성되어 어른이 된 현재에도 언제나 그리움을 동반하는 상실감으로 자리하고 있다.

 이호원 시인은 고향 마을이 그리울 때마다 어머니를 떠올린다. 고향은 곧 어머니의 삶 속에 녹아 있기 때문이다. 고향은 어머니며 어머니는 곧 고향이라는 인식을 품고 살아온 것이다.

 밭두렁 곳곳에는
완두콩 애호박 갖가지 열매
정성으로 심은 흔적 잊지 않고
변함없는 어머니 젖가슴 닮았다

 밭고랑 호미질은
무더운 여름 땀범벅으로
눈물처럼 흘러내리자

제발 집에서 손자나 보라고
애원하든 콩밭 고랑 독사는
고집 많은 당신을 꺾지 못해
더운 여름 한 철 쉬도록 선물을 주었지만
당신은 그리도
콩밭 고랑 못 잊어
그해 여름 다 가도록 울었다

—「쑥밭골 콩밭 Ⅰ」전문

 밭두렁 곳곳에 심겨진 애호박, 완두콩은 열매를 탐스럽게 매어 꼭 어머니 젖가슴같이 풍성하다. 그것은 어머니가 정성스럽게 심었기 때문이다. 어머니의 정성은 뙤약볕살 속에서도 그치지 않고 땀벅벅이 된 모습이 고난처럼 눈물로 흘러내릴 때도 집에 들어 손자나 보라고 독사가 일러도 말을 도통 말을 들어 먹지를 않아 독사가 독을 선물하여 한 철 쉬도록 하였지만 어머니는 콩밭 고랑을 못 잊어 여름이 다가도록 울었다는 어머니에 대한 추억, 여기에서 어머니는 자신을 돌보기보다는 자기를 희생하여 농사일에 조금이라도 보탬이 되고자하는 억척스런 우리 어머니상을 보여 준다. 같은 제목의 시 2에서도 어머니는 타계하신 후에도 농사일을 걱정하는 모습으로 그려진다.

쑥밭 골 콩밭 아래쪽 도로에는
읍내로 가는 황금 버스
고갯길 넘어가는 목쉰 소리에 산골이 운다

콩밭 멧비둘기 앉을 자리는
무심한 세월을 이길 수 없어 사라지고
면 소재지 마을도
합천호 수심 깊은 물바다 되었는데
어머니는 재 넘어 양지쪽 산비탈에
육십 년도 못 본 지아비 곁을 찾아갔다

합천호 푸른 수면은 어머니 한숨을 담아
새벽이면 안개를 풀어 흘러간 노래 부르고
읍내로 가는 황금 버스 창가에는
이 골짝 시름 싣고가는 눈물이 맺히는데
어머니는 아직도 콩밭 고랑 잡초 뽑지 못해
삼베 치마폭 허리에 동여매고
이리저리 밭고랑 헤매는지
알 수가 없다

—「쑥밭골 콩밭 Ⅱ」 전문

「쑥밭골 콩밭 Ⅱ」의 시대적 배경은 시간이 한참 흐른 뒤에 쓰여진 것으로 보인다. 밭 아래쪽으로 새로

도로가 나고 콩밭을 노리는 멧비둘기가 앉았던 자리는 세월 따라 사라지고 면소재지 마을도 합천호 물에 잠기고 말았다. 그후 어머니는 지아비가 보고 싶어 재 너머 양지쪽 산비탈에 계시는 아버지 곁으로 찾아가셨다. 합천호 수면은 어머니 한숨을 담아 새벽이면 안개를 풀어 흘러간 옛노래를 부르고 읍내로 가는 버스 창가에는 쑥밭골 시름을 싣고가는 듯 눈물이 맺히는데 어머니는 아직도 콩밭을 잊지 못해 고랑 잡초를 뽑기 위해 삼베 치마폭을 허리에 동여메고 밭고랑을 헤매고 있을 거라고 추측해 본다. 그만큼 쑥밭골 콩밭에 많은 애착을 가지고 계셨기에 돌아가셔서도 콩밭에 이리저리 돋아난 지슴을 그냥 두지 못하는 성미여서 그럴 것이라고 어머니를 추억한다. 이 시에는 합천호와 어머니가 동시에 등장한다. 시인이 수몰되어 잃어버린 고향이 곧 콩밭 매는 어머니로 대체되어 나타난 것이다.

 이 작품집에는 유년 시절 숲과 들판을 누비며 마음껏 호연지기를 펼치던 모습들이 자주 등장한다. 그 일들은 동무들과 함께이거나 아니면 소를 몰고 나선 홀로이거나 전원의 풍광들을 가슴에 담뿍 쌓아 올리는 그런 시간들이었다. 수몰되기 이전의 고향 마을 풍광이 이호원 시인의 정서를 형성시키는데 큰 중심 기둥이 되었을 것이라 믿어 의심치 않는다. 곳곳에서 드러나는 이미지들과 함께 일상생활을 다룬 시편들

속에서 문득 그것들이 자리를 차지하고 있음을 발견할 수 있다.

  (가) 찔레꽃 그늘에 잠을 묻어 두고
     언덕 아래쪽 비탈진 산허리
     소먹이던 아이
     소를 잃고 헤매던 낮 꿈을 꾸고
     찔레꽃 닮은
     얼룩이 울음소리 들려 오자
     잠을 깨고 앉아 놀란 가슴 두드린다

—「찔레꽃 그늘」 뒷부분

  (나) 비탈진 산야는 온통
     노란색 위장의 마술로 위기를 넘기려 하지만
     뚝심 강한 개나리는 고문으로
     시원한 여름을 보낸 잎이
     떨어져 나가자
     분에 찬 퉁방울 같은 눈을 부릅뜨고
     싸늘한 겨울과 맞서고 있다

—「개나리의 항변」 부분

 (가)는 유년 시절에 겪은 내용이고 (나)는 유년 시

절에 유심히 관찰한 개나리에 대한 기억이다. (가)에서 소에게 풀을 뜯어 먹게 하기위하여 방과 후 집에 오면 소를 몰고 뒷산에 간다. 소를 자유롭게 풀어 놓고 찔레꽃 그늘에 누워 있다 깜박 잠이 들어 소를 잃어버린 꿈을 꾸게 된다. 그때 소가 찔레꽃 같은 아름다운 소 울음소리를 듣고 잠에서 깨어 소를 잃어버린 꿈에 놀란 가슴을 두드려 본다는 의미를 담고 있다. 소에게 풀을 먹이러 산에 들어본 이는 소를 잃어버렸을 때의 막막함을 기억한다. 소를 풀어 놓고 잠시 한눈을 팔거나 딴짓에 매몰되어 소에게서 잠시 눈을 떼었을 때 소가 시야에서 깜쪽같이 사라진 경험을 한 아이들은 한 두푼도 아닌 집안의 보물쯤으로 여겨지는 소를 잃어버려 온 동네 사람들을 동원하여 산으로 소를 찾아 헤맨 모습이 떠올랐을 것이다. 다행히 이 작품에서는 낮 꿈이었기에 천만다행으로 여기고 가슴을 쓸어내렸을 것이다. 작품 (나)에서는 봄에 산기슭을 만발한 꽃을 피워 덮어준 개나리가 여름이 되어 뜨거운 햇살의 고문을 잎으로 덮어 시원하게 보내고 가을이 되자 잎이 떨어지면 퉁방울 같은 잎눈을 틔워 겨울과 맞선다는 관찰을 담고 있다. 타향살이하는 시적 화자도 많이 변했다. 그것은 바로 세월을 이기지 못한 늙어감 때문이다. 현실에서 느끼는 고향의 모습이다. 「달걀」, 「절터 골」, 「흔들리는 지팡이」, 「홍시를 먹는다」, 「파란 하늘을 보고 웃었다」. 「돌담」, 「떠나가시더니 산에 산다」, 「보자기만 한 미나리꽝」, 「꽃이 싫어서」, 「흙에 묻힌 복령 하나」, 「합천호」, 「용문정 긴 추억」, 「무덤가 복령」 등의 작품들에서 묻어나는 고향 풍경이다. 수구초심이라고 했다. 나이 들수록 고향은 뼈속에 숨은 고향을 불러내기에 중독된 사랑만큼 떨쳐내기 어려운 것이다.

  산골 아이가 전신주에 귀를 대고
  서울 거리를 도청한다
  서울 거리는 입 다물고 침묵하는데
  자갈치가 보낸 장어 한 마리
  거리를 활보해도
  어디서 왔는지 묻는 이가 없다

  다도해 농막에서 보낸
  배추 포기 무게는 줄고 있고
  시들어 가는 감자 껍질에 침묵만 넘쳐
  말라가는 눈물이 분노를 삼킨다

  수신호 오가는 용산역 거리는 거미집 닮았다
  먹이를 잡지 못한 하얀 입술은 말라가고
  어젯밤도 하얗게 새웠지만
  전신주에는 땡벌만 모여 놀고
  산골 아이는 전신주에 매달려 하품을 한다

—「하품하는 아이」 전문

 산골 아이가 서울 거리에 나타났다. 전신주에 귀를 대고 서울 거리를 도청한다. 서울 거리는 입 다물고 침묵하는데 자갈치가 보낸 장어 한 마리가 활보해도 어느 누구도 어디서 왔느냐고 묻지 않는다. 다도해 농막에서 보낸 배추가 시들어 무게가 줄어도 시들어 가는 감자껍질에도 서울 거리는 침묵만 넘쳐 말라가는 눈물이 분노를 삼킨다. 수신호가 오가는 용산역 거리는 거미집을 닮았다. 사통팔달로 뻗어가는 거리에서 먹이를 구하지 못한 거미는 입술이 하얗고 어제 밤도 그렇게 빈속으로 보냈지만 아이가 도청하고 있는 전신주에는 먹이와 상관없는 침을 가진 땡벌만 모여 논다. 산골 아이는 전신주에 매달려 하품을 한다. 이런 황당한 내용을 가진작품인데 여기에는 해학과 풍자를 담고 있다, 산골은 도시와 크게 대비된다. 서울은 서울 이외의 지역을 전부 시골로 간주한다. 그러기에 부산 자갈치에서 올라온 장어에도 별 관심을 보이지 않는다. 그리고 다도해 농막에서 보내온 배추나 감자 껍질에도 침묵한다. 서울은 무관심으로 일관한다. 그 무관심에 흘리는 눈물이 어쩌지 못하고 분노를 삼킨다. 용산 거리는 높은 사람들이탄 차들로 신호등이 제 구실을 하지 못하고 경찰의 수신호로 통제되는 거리다. 산골에서 온 아이는 밥을 옳게 먹지 못하고 굶주린다. 날마다 그렇게 하얀 입술로 지샌다. 아이가 엿듣는 전신주에는 독침을 가진 땡벌만 모여들고 아이는 어떠한 변화나 정보를 얻지 못하여 하품으로 세월을 보낸다. 서울과 지역이라는 이분법적인 사고와 권력을 가진 자와 그렇지 못한 자를 대비시켜 불합리한 사회구조를 풍자하고 있음이다. 이런 정서를 가능하게 한 것은 이호원 시인이 유년 시절에 체득한 자연으로부터 습득한 자유분방한 정서와 호방한 정신의 발현이라고 보여진다. 그에 유사한 작품들로는

세상 살아갈 근심으로 태어난 아기
괴로움을 알리는
애가 타는 냄새가 난다

굽이굽이 고개만 넘다가
쉬어갈 자리 하나 없어
한숨 속에 숨겨놓은 아리는 마음은
고달픈 세월 냄새가 난다

살아생전
무엇이 먹고 싶은지
물어도 보지 못한 불효
제사상 위에 켜놓은 촛불 아래
가슴 타는 냄새가 난다

친구여 !
가던 길이 험하면 둘러도 가고
잘못된 길이거든 돌아도 가고
힘겨워 않기를 빌기는 하지만
고쳐 못할 길은 영원의 길인데
떠나온 고향은 골목마다 술래가 숨어
지금도
아이들 시끄러운 소리에 달빛 우는 냄새가 난다

—「눈물 냄새」 전문

  세상의 모든 일에는 냄새가 난다. 갓 태어난 아기에게서도 그 아기가 험한 세상을 어떻게 살아가야 할 것인가 근심 걱정으로 애간장이 타는 냄새가 난다. 살아가면서 굽이굽이 고개만 넘다가 쉬어갈 자리 하나 없어 내 쉬는 한숨 속에 고달프게 겪어온 세월 냄새가 난다. 어버이 살아 생전에 먹고 싶은 것이 무엇이 있는지 물어보지 못한 불효가 떠올라 제사상에 켜 놓은 촛불 아래서 가슴이 타는 냄새가 난다. 친구들에게 당부하는 말에도 가는 길이 험하면 둘러가면 되고 잘못된 길이면 돌아서 가기를 바라지만 부디 힘겨워하지는 말자고 청유한다. 그렇게 빌어 주기는 하지만 영원으로 가는 갈 길을 고쳐 가지 못함을 깨닫지만 떠나온 고향에서 동무들과 함께했던 술래잡기에서 나는 눈물 냄새는 어찌할 것인가? 그 눈물 냄새는 달빛이 울어서 흘린 눈물에서 나는 냄새다. 그 냄새도 결국 고향 마을에서 아이들이 숨바꼭질로 숨어 들키지 않을 때 아이들이 떠드는 시끄러운 소리에 달빛이 그만 울어버린 것이다. 그 울음에서 냄새가 난다. 무척이나 낭만적인 정서가 아닐 수 없다. 이호원 시인이 가진 기본적인 정서는 전원에서 보낸 유년기의 자유분방한 사고로부터 이어져 왔음을 느낀다. 「고니의 꿈」을 보면 시적 화자는 날고 싶다. 답답한 현실의 타개책이다. 고니라는 새에 빗대어 지상을 벗어나 자유롭게 창공을 날아 지상을 굽어보고 싶은 것이다. 이호원 시인은 지녀 왔던 수몰된 고향과 잃어버린 동심의 현장에 대한 상실감으로 좌절감을 현실에서 가질 수 만은 없었다. 그래서 날고 싶었고 더 멀리 더 나은 세상을 향해 비상을 꿈꾸기도 하는 것이다. 시인이 보고 싶은 것은 평화로운 노래가 흐르는 세상이다. 정치권의 헛소리 같은 건 듣지 않고 날개에 초록물을 들이며 훨훨 날고 싶기도 하다. 건강한 삶이 머무는 곳으로 날고 싶은 꿈을 버리지 않고 간직하고 산다. 그것이 '울음이라도/제대로 또르르 굴러가는 곳을 찾아/가슴 앓는 기침소리 피해서 가고 싶다'라고 부르짓는다. 새로운 희망을 가지고 길을 가겠다는 의비의 소산을 내비친다. 네번째 시집 상재를 축하 드린다.